34779984R00062

Made in the USA
Middletown, DE
29 January 2019